S4
Eb 1006.

MOYEN

DE FAIRE CESSER PROMPTEMENT LA CRISE FINANCIÈRE

QUI ALARME LES CITOYENS.

PROJET

COMMUNIQUÉ A MM. LES MEMBRES DU COMITÉ D'AGRICULTURE DE BEAUNE (CÔTE-D'OR) PAR M. LORENCHET, PRÉSIDENT DU TRIBUNAL CIVIL DE DIJON (1).

> Unda unda unda unda unda unda, currite, cives.
>
> SANTEUIL.

---

§ Ier. *Causes de la crise financière.*

D'après l'opinion de tous les économistes, il est certain qu'il n'existe en France que trois milliards et demi de numéraire métallique tout au plus, et cette République est peuplée de trente-cinq millions d'habitants, ce qui donne environ dix millions de familles.

Au moment d'une révolution aussi complète que celle de février 1848, lorsque sont nées à la fois tant d'espérances et tant d'appréhensions de tout genre, l'incertitude de l'avenir a porté chaque famille à se procurer à la hâte ou bien à se conserver des moyens d'existence pour quelque temps; et si l'on admet que chaque famille a pu retirer ainsi de

---

(1) Ce projet, rédigé sous une autre forme, mais non suffisamment développé pour en faire apprécier toutes les conséquences, a déjà été adressé le 2 juin 1848 à l'un de nos représentants pour la Côte-d'Or, et il a été déposé par lui au comité des finances de l'Assemblée nationale.

la circulation trois cents francs seulement, terme moyen, il en est résulté subitement la disparition de trois milliards, et il n'est plus resté que cinq cent millions de numéraire au plus dans les caisses publiques et pour solder toutes les transactions sociales.

Qu'est-ce que ces cinq cent millions circulants? que serait même la totalité de nos monnaies métalliques, si elles pouvaient toutes circuler, ce qui n'arrive jamais, vis-à-vis de l'importance de nos relations habituelles et nécessaires? Très-peu de chose, puisque la masse des affaires en France, autrement dit le chiffre des sommes à payer annuellement, s'élève, assure-t-on, à plus de trente milliards.

Avant la révolution de février, tout se payait cependant, et remarquons bien qu'avant comme après toutes les grandes révolutions politiques, on a vu se reproduire à peu près les mêmes phénomènes financiers. Comment donc, avec trois ou quatre milliards au plus, parvenait-on à en payer au moins trente? La réponse est aussi facile que le fait est certain ; c'est que chez tous les peuples civilisés le numéraire métallique ne forme jamais que l'appoint des paiements, et que tous ceux d'une certaine importance se font en billets ou obligations émanant de particuliers ou de négociants réputés solvables, ou en effets acceptés par eux. Aujourd'hui ces billets, cette monnaie, supplémentaire en apparence, mais principale en fait, a disparu, parce que des inquiétudes politiques réelles ou imaginaires ont suspendu toutes les transactions ; chacun a redouté la déconfiture des particuliers ou la faillite du grand et du petit commerce, et dans cette position des choses, aucune valeur négociable n'est réputée valoir argent; il ne reste donc que les trois milliards et demi de monnaie pour tout payer, et l'insuffisance évidente de ce numéraire fait que rien ne se vend, rien ne s'achète, et que chacun est exposé à périr de misère au milieu d'une abondance incontestable.

En effet nos greniers fléchissent sous la charge des grains, nos caves regorgent de vins, nos bois restent couchés dans les coupes, nos usines sont encombrées de produits et nos magasins sont pleins de marchandises, aucune partie de la richesse nationale n'est sortie du territoire, et la République n'a perdu encore que la différence insignifiante de la valeur de quelques denrées restées brutes, à celles qu'elles auraient acquises par leur transformation dans nos manufactures.

Mais si l'on faisait attention que d'après les lois qui nous régissent il faut absolument opérer tout paiement exigé, avec du numéraire métallique sonnant, frappé du timbre de l'Etat, et que les plus immenses valeurs en denrées de toute nature, quand elles ne trouvent point d'acquéreur, seraient insuffisantes pour solder la dette la plus minime, on comprendrait alors dans quelle position fâcheuse doivent en ce moment se trouver à la fois toutes les fortunes agricoles, industrielles et commerciales.

§ II. *Conséquences politiques de la crise financière.*

Tout bon Français doit espérer que la sagesse des nouvelles institutions qui s'élaborent au sein de la puissance constituante souveraine, que le temps abrégé dans son cours par la raison et la concorde des citoyens, ramèneront tôt ou tard dans la République le calme indispensable au développement du crédit ; mais cependant la longue et triste histoire des passions humaines nous enseigne que trop souvent ce calme si désirable ne renaît qu'après de longs orages qui traînent avec eux la misère et l'anarchie : pourquoi, si cela est possible, ne pas les conjurer ?

En ce moment, les plus riches particuliers ne touchent plus leurs revenus et ne trouvent plus à emprunter ; prochainement, si la crise se prolonge, une partie de nos commerçants va tomber en faillite ; toutes nos usines, nos fabriques, nos manufactures vont cesser leurs travaux et vont congédier leurs ouvriers ; bientôt, sans recourir à des moyens coërcitifs regrettables, le trésor public ne pourra plus s'alimenter des impôts demandés à des bourses épuisées : déjà le Gouvernement provisoire n'avait pu subvenir aux dépenses publiques qu'en arrachant aux familles une grande partie de leur petite réserve en numéraire au moyen de l'impôt des 45 centimes, tout en diminuant cependant les dépenses par des retenues considérables ; on a été obligé ensuite d'avoir recours aux ressources éphémères des bons du trésor, des billets de la Banque de France ; enfin il a fallu se résoudre à rembourser les économies du peuple, entassées dans les caisses d'épargnes, avec des titres de rentes sur l'Etat, et à faire un appel aux capitalistes en leur offrant de brillants avantages pour les engager à faire un prêt indispensable à la République, mais dont la réalisation aura pour effet de faire encore refluer dans Paris le numéraire déjà si rare dans les départements.

Ces moyens indiqués par la nécessité ont eu quelque efficacité pour le moment sans doute ; mais, pour l'avenir ! N'avons-nous pas à redouter que cet avenir ne nous ramène la tempête et des guerres fratricides ? Veut-on, par exemple, débarrasser nos villes et nos campagnes des armées d'ouvriers oisifs qui les inquiètent et les ruinent ? Ce sera bien fait assurément ; mais il faut pour cela qu'ils puissent vivre quelque part ; et si l'on ne prend pas à leur égard et promptement des précautions paternelles, leurs bandes égarées se recruteront sur les routes d'autres ouvriers aussi nombreux, aussi désespérés qu'ils pourront l'être, et qui vont sortir à flots de nos fermes, de nos usines et de tous nos établissements ruinés de fond en comble. Qu'importe que l'émeute excitée par de mauvaises passions soit bannie de Paris ; si elle prenait quelques développements dans les provinces, elle retournerait bientôt assiéger de sa masse formidable le palais où les délégués de la nation doivent délibérer en paix, si l'on veut qu'ils puissent donner à un grand peuple le bonheur que de sages institutions doivent lui procurer.

Admettons avec une conviction profonde que la sollicitude et l'énergie du Gouvernement, que le courage et la fraternelle bienveillance des bons citoyens sauront détourner en majeure partie tous les maux que l'on peut prévoir. Mais il faut à l'homme du travail, c'est la condition de son être comme c'est aussi la garantie de sa moralité : un grand nombre de bras inoccupés trouveront probablement de l'ouvrage et du pain s'ils peuvent être employés à des travaux exécutés par l'Etat; mais l'Etat n'emploie pas, ou très-peu du moins, des ouvriers de luxe, et ceux-ci porteront de nouveau, ainsi que cela est déjà arrivé à d'autres époques, leur intelligence et nos arts à l'étranger, et non-seulement alors une concurrence ruineuse pour nos produits ira s'établir non loin de nos frontières, mais quand le crédit renaîtra, quand nos manufactures sortiront de leur inertie, elles ne trouveront plus parmi leurs ouvriers ces talents spéciaux, cette habileté précieuse qu'il faut souvent un quart de siècle pour développer. Vainement l'agriculture, les arts et le commerce feront les plus honorables efforts, les sources de la richesse publique seront taries, et les plus utiles citoyens écrasés sous le poids de leurs dettes ne sauront comment satisfaire à la fois aux besoins de leurs familles et aux charges de l'Etat.

Il faut donc d'urgence, d'extrême urgence, organiser des mesures salutaires et fécondes non-seulement pour éviter des malheurs sans elles inévitables, mais pour remettre au plus tôt toute la vie sociale dans son état ordinaire; et pour cela n'est-il pas évident qu'il faut remplacer dans la circulation les immenses valeurs de confiance qui jadis soldaient presque tous les engagements, et qui aujourd'hui ou n'existent plus, ou n'ont plus cours, par d'autres valeurs plus certaines, et qu'il est si facile de faire surgir de toute part en mobilisant une partie de la propriété immobilière?

§ III. *Erreurs populaires au sujet de la circulation du numéraire.*

En voyant disparaître presque instantanément la monnaie métallique à la suite de toutes les révolutions politiques, que de gens s'imaginent que les riches mécontents cachent alors d'immenses capitaux et deviennent ainsi les coupables auteurs de la détresse publique! Mais, indépendamment de ce qu'un grand nombre de riches, loin d'être les ennemis, sont au contraire souvent les partisans dévoués des transformations sociales qui s'opèrent; les riches, s'ils possèdent parfois des créances importantes, n'ont que très-rarement dans leurs mains des capitaux excédant la somme nécessaire pour leurs dépenses journalières. Et, en effet, que feraient-ils de ces capitaux? Ils n'en ont pas besoin : leurs terres, leurs bâtiments, leur mobilier visibles au grand jour et pour tous les yeux, leur assurent dans leurs relations un crédit qui les dispense d'avoir toujours, comme le pauvre, l'argent à la main. Leurs revenus sitôt la réception passent chez le banquier, où ils deviennent des ressources utiles pour le commerce; leurs dépenses de quelque importance, les mémoires qu'ils entretiennent avec leurs ouvriers, avec leurs nombreux fournisseurs, sont soldés par des mandats acquittés par la maison de banque; et s'ils agissaient autrement, s'ils entas-

saient des masses d'or et d'argent, ils s'exposeraient
à en être dépouillés par des vols, par mille accidents, et, dans tous les cas, ils en perdraient les
intérêts sans profit pour personne. Ainsi donc, qu'il
existe des individus envieux d'une opulence acquise
au bout du compte par le travail, et conservée par
l'ordre et l'économie des familles, cela se conçoit;
mais supposer que les riches sont moins habiles
dans l'emploi de leur fortune que chacun ne le serait lui-même dans leur position, évidemment c'est
une erreur.

Si ce ne sont pas les riches propriétaires qui sont
la cause des crises financières, serait-ce donc les
capitalistes? Eh, mon Dieu non! pas davantage.
Le capitaliste vit des intérêts que rapporte son capital, et pour cela il faut que ce capital soit placé et
par conséquent qu'il circule. Admettons que par-ci
par-là il y ait quelques sommes réservées par l'ava-
rice, par la peur, par la prudence, la chose est possible; mais, en la tenant pour certaine, elle a lieu
de même dans tous les temps, et d'ailleurs la réserve de quelques millions de plus ou de moins n'aurait aucune influence sensible sur les transactions
sociales ordinaires, parce que, nous l'avons déjà dit,
tout le numéraire existant dans la République ne
suffirait pas à ces transactions, et qu'elles ont besoin, pour se continuer ou pour renaître, de l'existence continuelle d'immenses valeurs de crédit,
c'est-à-dire des obligations ou billets à échéances,
créés d'abord, souvent renouvelés ensuite par les particuliers ou le commerce, transmissibles de mains en

mains pour acquitter autant de dettes, et qui s'é-teignent le plus ordinairement en définitive par la compensation des créances réciproques des créanciers et des débiteurs.

Les causes de la disparition de ces valeurs de crédit sont assurément, comme tout le monde le pense, la cessation absolue de toutes négociations par suite des appréhensions occasionnées par les événements politiques, et en conséquence tout le monde répète : —laissez se rétablir le calme et l'ordre public, la confiance renaîtra bientôt, et la crise financière cessera. — Personne ne contestera l'exactitude de ces prévisions. Mais n'est-ce pas un étrange raisonnement que de dire, attendez que le malade soit guéri pour discuter s'il y aurait lieu ou non à lui offrir des remèdes. Combien de temps faudra-t-il à la société française, malade de ses convulsions répétées, pour s'asseoir solidement sur des bases qui inspireront toute confiance? Très-peu, je me plais à le croire; c'est là le vœu qui doit être répété par tous les bons citoyens; tous, ils peuvent contribuer par leur union, par leur concorde, à accélérer sa réalisation ; mais il ne dépend pas d'eux absolument de l'accomplir, car la confiance ne se commande pas, ne s'impose jamais; on peut préparer son retour, mais il faut toujours l'attendre; et en attendant, que de catastrophes, que de ruines financières n'a-t-on pas à redouter ! N'y a-t-il plus de créanciers qui réclament à leurs débiteurs ce qui leur est dû, ce qui leur est indispensable pour pouvoir s'acquitter eux-mêmes? Nos usines, nos manufactures sont-elles pourvues des fonds de roulement nécessaires pour payer leurs ouvriers, continuer leurs opérations, et attendre sans inquiétude le moment favorable à l'écoulement de leurs produits? L'agriculture a-t-elle vendu ses récoltes au commerce? le commerce lui-même dispose-t-il des valeurs nécessaires à ses utiles opérations? Non évidemment, tout souffre ou languit de misère au milieu de l'abondance, et cela uniquement, on ne saurait trop le répéter, parce que le signe d'échange, réduit à un numéraire insuffisant, n'existe plus. Voilà où est le mal, voilà où il faut sans délai apporter le remède.

§ IV. *Gravité de la crise financière.*

Les registres des hypothèques constatent qu'aujourd'hui la propriété foncière, qui peut être évaluée à 45 milliards, et que je porterai à soixante pour le raisonnement, serait grevée d'une dette de 14 milliards; il est raisonnable d'admettre que la moitié de ces inscriptions concernent des hypothèques légales ou de pure garantie simplement éventuelles, ou bien encore des dettes acquittées, dont l'inscription hypothécaire ne subsisterait plus que par la négligence des grevés apparents. Resterait toujours sept milliards de dettes hypothécaires grevant la propriété foncière et dont l'intérêt annuel serait de 350 millions. Indépendamment des dettes inscrites, il existe à la charge des mêmes propriétés des dettes chirographaires ou sur simples reconnaissances qui s'élèvent au moins à une valeur égale, et dont les intérêts par conséquent sont aussi de

350 millions, ce qui forme un total de 700 millions d'intérêts calculés seulement à cinq pour cent, à la charge de la seule propriété foncière. Cependant il n'est que trop certain que cette sorte de propriété, à raison des impôts qui pèsent sur elle et de l'entretien qu'elle exige, ne rapporte généralement qu'environ deux et demi pour cent de son capital. Le revenu à deux et demi pour cent de soixante milliards, étant de quinze cent millions seulement, en en défalquant 700 pour les intérêts de leurs dettes, les propriétaires purement fonciers ne touchent donc, pris ensemble, que 800 millions, c'est-à-dire guère plus de la moitié du revenu qu'ils devraient retirer de leurs héritages. On peut juger d'après ces chiffres, de l'état déplorable dans lequel se trouvent réduites un grand nombre des fortunes patrimoniales de la France, de la détérioration qu'elles éprouvent, faute de réparations, au grand préjudice de l'Etat en général ; et du tort immense et de plus en plus désastreux qu'une pareille position prolongée ferait à l'agriculture, au commerce et aux ouvriers de tout genre dont les bras restent forcément inoccupés. Serait-il possible aux propriétaires qui tous, ou cultivent par eux-mêmes ou font cultiver le sol par des fermiers, des laboureurs, des vignerons et d'autres préposés, ou bien qui emploient une partie de leurs immeubles à l'exploitation des diverses entreprises industrielles qui exigent une assiette sur le sol, de sortir sans secours énergiques d'une situation aussi déplorable. Non malheureusement, non malheureusement pour eux, non malheureusement pour

la République qui perd à cela tous les avantages que pourrait lui offrir l'aisance générale de la nation. En effet, pour le propriétaire foncier, le seul moyen de payer sa dette serait de vendre une partie équivalente de son capital immobilier. Et s'il était aujourd'hui débiteur poursuivi pour une valeur égale à la moitié de la valeur totale de ses propriétés, comme le numéraire nécessaire pour acheter est devenu de la plus grande rareté, toute la fortune du débiteur suffirait à peine actuellement pour opérer sa libération. Voilà la vérité, voilà la position de ces fortunes territoriale si jalousées, si méconnues, et en conséquence écrasées directement ou indirectement par des impôts accablants.

§ V. *Remèdes à appliquer à la crise financière.*

Nous l'avons déjà dit, le moyen de faire cesser un état anormal qui menace toutes les fortunes particulières et par suite le revenu public des plus dangereuses perturbations, consiste non pas à remplacer dans la vie sociale, pour l'échange nécessaire des valeurs et des produits, le numéraire métallique, toujours insuffisant par lui-même, et qu'il faudrait au contraire bien se garder de faire disparaître de la circulation ; mais à suppléer à son insuffisance par des valeurs certaines qui seraient substituées aux valeurs de crédit qui, elles, ont presque toutes disparu.

Il faut pour cela mobiliser en proportion des besoins, une partie de la fortune immobilière, seule valeur dont le capital comparé peut varier quelque peu, il est vrai, d'importance dans le commerce des choses ; mais qui ne saurait s'avilir parce qu'il ne cesse pas de fournir toujours à peu près la même quantité d'objets indispensables à l'existence de l'humanité. Voilà tout le secret.

Pour qu'un projet financier quelconque soit bon, soit acceptable, il faut qu'il réunisse une foule de conditions.

D'abord il doit être à l'Etat d'une grande utilité ; car le premier besoin des hommes en société est d'avoir un gouvernement qui ne soit jamais embarrassé pour opérer le bien public.

Ensuite il doit offrir à la propriété, à l'industrie, au commerce, les moyens de prospérer, de multiplier la richesse et par suite la puissance nationale, en procurant à tous la facilité nécessaire pour se libérer de leurs obligations envers l'Etat, envers leurs concitoyens, et aussi en assurant à tous par les produits continus d'un travail honorable et suffisamment rétribué une existence heureuse.

Après, il faut que tous les citoyens soient pleinement convaincus qu'il ne s'agit point d'une utopie séduisante dans son exposé, funeste dans ses résultats, mais de mesures empreintes à la fois de sagesse et de force, propres à rétablir, à consolider leur fortune et non pas à l'ébranler ; car sans confiance, point de crédit possible.

Il faut enfin que les moyens proposés soient simples, d'une exécution facile et à la portée de tous ceux qui auraient besoin d'y recourir, et que la puissance publique n'intervienne que pour les régulariser, parce que le crédit chérit la liberté.

§ VI. *Exposé du système qui remplirait ces conditions.*

1° Tout particulier, négociant, agriculteur, maître d'usines, d'ateliers, de magasins; et généralement, sans exceptions, tout propriétaire d'immeubles; même tout mineur par son tuteur dûment autorisé, et toute femme mariée munie de l'autorisation maritale, serait admis à emprunter de l'Etat, considéré absolument comme un particulier prêteur ordinaire, et sur hypothèques assises sur ses immeubles libres, toutes les valeurs dont il aurait besoin, jusqu'à concurrence des trois quarts de la valeur moyenne et certaine de ses immeubles, déduction faite des frais éventuels de l'opération.

2° S'il s'agissait de bâtiments, ils devraient être préalablement assurés contre leur destruction, soit par l'Etat lui-même, soit par la ou les compagnies désignées par le Gouvernement.

3° Toute hypothèque légale ou de simple garantie, inscrite ou non, pourrait être préalablement réduite par les tribunaux à la valeur nécessaire pour garantir les droits des intéressés, sur l'avis des conseils de famille, et après les conclusions du ministère public quand il s'agirait des femmes mariées et des pupilles; et, pour tous autres intéressés, après une mise en demeure judiciaire d'avoir à fournir aux tribunaux compétents telles observations que de droit.

4° Ces formalités remplies, le prêt désiré aurait

lieu par le simple intermédiaire du receveur général du département dans lequel les biens offerts en
garantie seraient situés, et avec le concours d'un
notaire commis à cet effet par le Gouvernement, du
notaire de l'emprunteur, et naturellement de l'emprunteur lui-même qui présenterait ses titres.

5° Il serait joint aux titres constatant la propriété
un extrait de la matrice cadastrale et les borde-
reaux ou les quittances des impositions directes
assises sur cette propriété pour l'année courante et
les deux années précédant l'emprunt.

6° Jamais, pour garantir l'emprunt, un immeuble ordinaire offert en hypothèque ne serait
estimé valoir *en revenu net* plus de cinq fois le chiffre
moyen des trois années de l'impôt justifié; et *en
capital* plus de quarante fois ce revenu net ainsi
établi. A l'égard des bâtiments de toute nature, si
l'Etat avait assuré lui-même contre les chances de
leur destruction, l'estimation en serait toute faite
par la police d'assurance; dans les autres cas, ainsi
que lorsqu'il s'agirait d'usines, de manufactures,
de fabriques, de magasins, et autres propriétés immobilières de cette nature; si l'emprunteur ne s'en
rapportait pas à l'évaluation déduite de l'importance de l'impôt direct comme pour les immeubles
ordinaires, il pourrait demander que l'estimation
en fût faite à ses frais par le jury établi par la loi
pour les cas d'expropriation pour cause d'utilité publique. Ce jury, convoqué sans formalités judiciaires devant le bureau d'emprunt composé du
receveur général et des deux notaires, fournirait

alors l'estimation légale dont il serait dressé procès-verbal qui resterait annexé au titre de prêt.

7° Indépendamment des titres de propriété et autres documents justificatifs dont il est parlé ci-dessus, l'emprunteur rapporterait un certificat du conservateur des hypothèques, constatant que la propriété est libre, ou bien qu'elle reste grevée des charges indiquées; il en ressortirait que l'emprunt ne pourrait avoir lieu *que pour les trois quarts de la valeur restant libre.*

8° Après toutes ces justifications faites et leurs conséquences relatives à la solvabilité déduites, par les notaires et le receveur général, comme s'il s'agissait d'un prêt consenti par un simple particulier, le contrat de prêt serait dressé par les notaires dans la forme ordinaire, avec minute conservée par le notaire de l'Etat, et une grosse pour le receveur général qui la conserverait dans ses bureaux ; au vu de ce titre, l'hypothèque consentie à l'Etat serait inscrite à requête du receveur général, et après un délai de quinzaine nécessaire pour prévenir toute fraude. Le prêt ainsi garanti serait réalisé comme il va être expliqué.

§ VII. *Digression préalable sur les monnaies.*

A l'Etat seul appartient le droit de battre monnaie : il importe peu que cette monnaie soit d'or, d'argent, de cuivre ou de papier, pourvu que la valeur en soit incontestable, et que, timbrée du sceau de la puissance publique, elle ne puisse être refusée.

Les métaux précieux ne rapportent rien par eux-mêmes, pas plus que le papier; mais, il est vrai, leur rareté, leur éclat, leur durée les ont fait accepter par tous les peuples du monde comme signe général des échanges de toutes les autres valeurs ; ils portent donc en eux-mêmes la garantie de la facilité de leur circulation. A peu de chose près, la même faveur en temps de calme est accordée dans l'opinion publique aux billets de commerce revêtus de signatures connues, bien que leur garantie soit parfois indirecte, et que la réalisation de leur valeur ne s'obtienne souvent *qu'ensuite de poursuites judiciaires.*

Une confiance presque égale à celle qu'inspire le numéraire métallique existe pour les billets de la Banque de France, qui n'ont pour garantie cependant que la haute probité des administrateurs de cet établissement, et des valeurs qu'un accident très-improbable certainement, mais cependant possible, pourrait un jour anéantir.

A plus forte raison, qui pourrait refuser une confiance absolue à des billets hypothécaires, véritables coupons de titres authentiques, et qui auraient ainsi leur garantie dans la valeur inaltérable du sol ?

Que l'Etat frappe donc cette sorte de monnaie, puisqu'elle est devenue si nécessaire. Qu'il veuille bien la prêter au lieu d'un numéraire métallique qui fait défaut, et la crise financière va cesser à l'instant avec un égal avantage pour le trésor public, qui recevra trois pour cent d'intérêt en ne prêtant réellement que sa puissance, et pour tous

2

les citoyens qui seront bientôt dégrevés de deux pour cent au moins sur les intérêts qu'ils sont obligés de payer actuellement.

Si l'Etat possédait assez de matières d'or et d'argent pour en frapper une quantité de monnaie suffisante pour qu'il pût accéder à toutes les demandes d'emprunt sur hypothèques, il serait inutile assurément de créer des billets-monnaie; mais les métaux précieux et par suite le numéraire manquent. Ils manquent non pas d'une manière absolue, non pas d'une manière insuffisante pour tous les temps; non, l'expérience a prouvé au contraire qu'il en existe assez en France pour pourvoir abondamment dans les temps ordinaires à tous les besoins sociaux; probablement même une plus grande quantité émise dans la circulation offrirait des dangers, ne serait-ce que celui d'en faire baisser la valeur comparée à celle de tous les autres biens, de toutes les autres denrées.

Mais considéré comme signe d'échange, comme moyen de libération, le numéraire métallique manque aujourd'hui absolument, bien qu'il n'attende pour reparaître que le retour des billets ordinaires de crédit : elles reviendront un jour ces valeurs de crédit, cela est incontestable; mais en attendant, répétons-le pour être bien compris, rien ne se vend, rien ne s'achète; nul ne peut payer ses dettes envers l'Etat, envers les particuliers; nul ne peut continuer ses opérations de commerce ou d'industrie; nul ne peut faire à l'agriculture les avances nécessaires; il

faut que le riche devienne injustement odieux (1)
et que le pauvre travailleur périsse de misère, parce

(1) Il ne serait peut-être pas hors de propos de présenter au public les calculs qui suivent.

S'il est constant qu'il existe trois milliards et demi de numéraire métallique en France (et ce chiffre est très-élevé) pour trente-cinq millions d'habitants, cela ferait par personne 100 francs juste, dont le revenu, au terme moyen de cinq pour cent, serait de 5 fr.

Si l'on admet aussi qu'il existe dans la République, pour 60 milliards de propriétés immobilières (et ce chiffre est fort exagéré), cela ferait par personne une valeur de 1,715 fr. à peu près, dont le revenu ordinaire, à deux et demi pour cent, serait de 42 fr. 87 c. 1/2.

Ainsi il est évident que toutes les valeurs directement productives de la France, partagées également par tête, entre tous ses habitants, ne donnerait à chacun d'eux qu'un revenu annuel de 47 fr. 87 c. 1/2 au plus, et pour vivre sans travail chaque année, en supposant encore que l'argent pût trouver un placement assuré, et les terres des bras qui les cultivent.

N'est-il pas évident aussi que ce faible produit serait insuffisant pour fournir à chacun des moyens d'existence, et qu'il faut absolument qu'il soit doublé, triplé, décuplé par les efforts de l'industrie et les spéculations du commerce, et que, pour obtenir ce résultat indispensable à la vie des citoyens, il faut de leur part un travail incessant.

Qui ne voit alors, si ces vérités sont incontestables, que dans toute société humaine qui conservera à chacun sa liberté naturelle, il résultera toujours invinciblement de la différence des forces, de l'intelligence et de l'activité des individus, une énorme différence et dans les moyens d'existence obtenus, et dans les fortunes acquises; que dans tous les temps la paresse et l'immoralité ne sauraient engendrer que la misère; qu'enfin tous ceux qui se laissent dominer par ces vices n'ont droit qu'à la pitié et à de sages conseils trop souvent mal reçus, trop rarement écoutés.

que, faute du signe ordinaire d'échange, tout est frappé de stagnation et d'une ruineuse inertie.

S'agit-il dans le système que je développe d'une utopie déplorable qui donnerait à mes concitoyens aveuglés l'espérance illusoire de payer leurs dettes avec rien , de vivre sans travail , et de voir le gouvernement se passer d'impôts. Non, mille fois non; loin de moi d'aussi absurdes pensées: mon but unique serait de procurer à tous ceux qui en ont un si urgent besoin, le moyen de transformer les valeurs réelles qu'ils possèdent et dont ils ne peuvent se défaire qu'à un prix ruineux, trop souvent même pour aucun prix, en valeurs de circulation avec lesquelles ils paieront toutes leurs dettes ; en valeurs certaines, contre lesquelles leurs revenus en nature , leurs produits industriels s'échangeront ; en valeurs enfin à l'aide desquelles ils pourront rétribuer convenablement un travail aussi indispensable à l'existence, à la moralité des ouvriers de tout genre , que les efforts et les sueurs de ces hommes précieux sont indispensables pour féconder le sol de la patrie, pour alimenter le commerce et pour faire prospérer toutes les industries.

§ VIII. *Continuation de l'exposition du système.*

9° Après cette digression nécessaire, reprenons l'examen de l'opération de l'emprunt. Le Gouvernement aura fait frapper, graver, timbrer, signer même s'il le juge à propos des registres à souches , numérotés , pour chaque sorte de valeur et pour chaque département. Il suffira qu'il existe, je le

pense du moins, des registres de billets de 1000 f.,
de 500 fr., de 100 fr. et de 25 francs ; chacun de
ces billets sera numéroté doublement ; l'un des numéros sera celui du registre dont il devra être extrait;
l'autre sera celui de la souche dont il devra être
détaché. Par ce moyen le réassouchement, en cas
de besoin pour vérifier des faux, par exemple, sera
toujours prompt et facile. Muni de ces registres , le
receveur général détachera de leurs souches les
billets destinés à l'usage de l'emprunteur jusqu'à
concurrence des valeurs demandées et garanties
par l'hypothèque consentie. La souche, et non les
billets, rappellera la date du titre hypothécaire de
garantie, et le rappellera par 1er titre, 2e, etc., pour
ne pas confondre des titres qui pourraient être créés
dans le même jour. Chaque billet serait ensuite si-
gné par le receveur général et par les deux notaires,
timbré du sceau de chacun des signataires ; enfin le
titre conférant hypothèque à l'Etat et les billets qui
en seront en réalité les coupons destinés à circuler
comme monnaie courante , seront mis par le notaire de l'Etat sous les yeux du président du Tribunal civil de l'arrondissement , qui, légalisant les signatures apposées et certifiant par sa signature et
son sceau sur chaque billet l'existence d'un titre
de garantie équivalent, terminera l'opération.

Immédiatement après , l'emprunteur auquel ces
billets qui auront cours forcé seront remis, s'en ser-
vira comme numéraire, comme l'on se sert aujour-
d'hui des billets de la banque de France ; ils seront
en conséquence reçus comme monnaie courante

dans toutes les caisses publiques ; mais ils ne devront pas y être échangés contre écus pour éviter autant que possible l'accaparement de la monnaie métallique. Ils ne devront même pas non plus donner lieu à une restitution d'appoint en numéraire plus forte qu'il ne serait nécessaire, quand on pourrait s'approcher davantage avec des billets du chiffre d'un paiement qu'on voudrait opérer.

Tout billet déchiré, maculé, altéré de manière à ce que les signatures et les timbres ne soient plus facilement reconnaissables, ou que son réassouchement devienne incertain, n'aurait plus cours forcé et pourrait en conséquence être refusé, comme il arrive pour la monnaie dont les emblêmes sont méconnaissables ; néanmoins, si le billet altéré n'était pas suspecté de faux, il pourrait être employé à des remboursements d'emprunts, lors desquels, ainsi que nous le verrons, il devra être lacéré et annulé totalement.

§ IX. *Considérations relatives à l'émission des billets.*

Le nombre et la valeur des billets émis devant toujours correspondre aux besoins de chaque emprunteur, ou du moins aux hypothèques de garanties qu'il pourra consentir, il est clair qu'il serait inutile et même fâcheux de déterminer d'avance un chiffre général auquel devrait se limiter l'émission de ces billets : ce serait un mauvais système que de faire les choses à demi et de laisser soit les intéressés plus diligents profiter seuls des facilités offertes à la liquidation de leurs affaires, soit de laisser à chaque emprunteur la crainte de ne pouvoir jamais se procurer entièrement les valeurs qui lui seraient nécessaires pour sortir tout-à-fait des embarras de sa position.

Que l'on se rassure d'abord sur l'importance des valeurs qui seront émises ; personne n'aura l'envie de grever sans nécessité ses biens des hypothèques qu'il faudra fournir, et aussitôt que l'on pourra se passer des capitaux métalliques, ceux-ci se hâteront de reparaître ; plus tard on reverra les billets du crédit ordinaire, les billets-monnaie-hypothécaire disparaîtront successivement, et les choses rentreront peu à peu dans leur état normal.

Pour arriver à ce but si désirable, la République n'aura à dépenser que les frais de la confection des billets ; elle n'aura point à rétribuer des officiers publics dont les émoluments seront à la charge des emprunteurs ; le Gouvernement pourra, sans diminuer les produits de l'enregistrement, réduire à moitié les droits et les frais spécialement relatifs aux emprunts dont il est question, à cause de leur grand nombre. Enfin l'Etat qui percevra sur chaque emprunt *trois pour cent* d'intérêts annuels payables par trimestre, directement au receveur général ou bien aux percepteurs autorisés à délivrer des reçus provisoires ; l'Etat, disons-nous, trouvera dans ces opérations les plus grands avantages.

Aussi, loin de chercher tout d'abord à modérer l'émission de la nouvelle monnaie, le Gouvernement devra lui faciliter au contraire un cours aussi libre que s'il s'agissait de tout autre usage que chacun peut faire de sa fortune ; car il est évident que plus les emprunts seront multipliés, et plus ils procureront à la République des revenus considérables ; elle y puisera de telles ressources que non-seulement il ne deviendrait pas nécessaire de longtemps d'aggraver les charges publiques, mais que le Gouvernement obtiendrait presque sur-le-champ la possibilité de réduire, sinon supprimer tout-à-fait les impôts dont l'agriculture a le plus à souffrir, soit par les tracasseries inévitables que leur mode de perception lui occasionne, soit par leur poids énorme qui arrête et paralyse le développement de sa prospérité.

C'est, nous le répétons, parce que la monnaie ordinaire manque, qu'il est devenu nécessaire d'en créer une supplémentaire ; il faut donc la laisser apparaître cette nouvelle monnaie, et dans une quantité qui ne sera jamais, dans toutes les éventualités possibles, que proportionnelle au besoin que chacun aura de l'obtenir ; rien de plus, rien de moins. Il y a mieux : pour obtenir une balance d'une exactitude rigoureuse entre la valeur des billets émis et celle de leur garantie fournie par hypothèque, balance indispensable au crédit des billets, il faudra que toujours à chaque emprunt des billets neufs soient détachés des registres à souche, et cela, quand même le receveur général en aurait d'autres dans sa caisse, provenant de la circulation et qu'il pourrait livrer ; car, d'une part, ces billets se trouveraient ainsi avoir deux garanties, ce qui forcerait un paiement en argent pour l'extinction de l'une des hypothèques ; et d'autre part, si des billets sortaient d'une caisse où ils seraient entrés comme revenus de l'Etat, ce serait l'Etat qui se trouverait avoir prêté directement ; ce qu'il ne saurait faire puisqu'il n'a pas de fonds dans son budget pour cela , tandis que par le système développé il devra simplement procurer au propriétaire foncier un emprunt dont ce propriétaire fournira préalablement lui-même la valeur, en mobilisant, en réduisant en monnaie, par un effet de la puissance publique, une partie de son propre avoir immobilier (1).

§ **X**. *Modes divers et facultatifs de contracter l'emprunt.*

S'il est indispensable de procurer à l'agriculture, à l'industrie , au commerce , les capitaux qui leur manquent , il sera bien de compléter cette mesure, en laissant à chacun, selon ses facultés, le choix du mode de remboursement des valeurs prêtées ; les uns préféreront payer annuellement à l'Etat un intérêt modéré de *trois pour cent* , et rembourser le capital de l'emprunt à l'échéance déterminée , sauf à en faire proroger l'époque si leurs prévisions de solvabilité se trouvaient déçues ; d'autres en fractionnant le capital qui leur serait prêté et en fournissant autant de titres distincts d'hypothèques qu'il y aurait de parties dans le capital général de l'em-

____

(1) Cette opération présentera une analogie frappante avec la vente à réméré , lorsque le fonds vendu et payé est amodié au vendeur, qui le reprend quand il rembourse, et qui, en attendant, paie d'un côté son fermage et de l'autre use pour un temps du prix qu'il a reçu.

prunt, se réserveraient ainsi le moyen de pouvoir rembourser partiellement ; d'autres encore , en se soumettant à payer annuellement des intérêts extraordinaires plus ou moins considérables, obtiendraient leur libération dans un temps qui serait calculé, par l'effet d'un amortissement résultant d'intérêts composés ; d'autres enfin réunissant le capital du prêt avec les intérêts, partageraient le tout en parties égales payables chaque année, jusqu'à extinction de leur dette.

Toutes ces manières de contracter les emprunts et de déterminer le mode de leurs remboursements pourraient être stipulées dans les titres. Elles ne porteraient aucun préjudice au trésor public et n'embarrasseraient en aucune façon les opérations relatives aux emprunts. En effet, dans tout cela, nous l'avons dit, l'Etat ne prêtera réellement que sa puissance pour mobiliser fictivement la propriété immobilière ; c'est de son propre capital en quelque sorte, cautionné par l'Etat, qui lui-même sera garanti par une bonne hypothèque, que l'emprunteur disposera. Il n'y aura donc jamais lieu de la part de l'Etat à demander la restitution d'une monnaie métallique qu'il n'aura jamais fournie ; tout se bornera lors du remboursement à anéantir à la fois les billets de circulation remis par l'Etat à l'emprunteur et l'hypothèque qui aura servi de garantie, pour l'Etat comme pour tous les citoyens, de la bonne valeur de ces billets. Pour récompense de sa bienveillante intervention, la République aura le bénéfice considérable d'intérêts représentant les revenus

des immeubles hypothéqués, lesquels, en toute justice, ne devront plus rien rapporter à leur propriétaire ; tandis qu'en échange de ces revenus , et sans
perdre pour cela la jouissance matérielle de ses propriétés, l'emprunteur aura la jouissance équivalente
de la monnaie-billets qui lui sera prêtée et qu'il fera
valoir à son profit, soit par un placement avantageux dans le commerce , l'industrie, ou des acquisitions, soit plus naturellement à l'époque actuelle,
en l'employant à payer ses dettes.

En cas de vente de l'immeuble hypothéqué à l'E-
tat par son ancien propriétaire, il est clair que
l'acquéreur aurait à remplir toutes les obligations
de l'emprunteur originaire, et qu'il en serait de
même pour tous autres cas de transmission de la
propriété du même immeuble.

§ XI. *Remboursement de l'emprunt.*

Au bout du temps convenu, et qui serait comme
pour les baux d'immeubles, de *trois, six* ou *neuf*
années sauf prorogation , il faudra que l'emprunteur rembourse. Cette opération consistera pour lui
à rapporter au receveur général des billets-monnaie-
hypothécaire en même nombre et de même valeur
que ceux qui lui auront été prêtés, et qui seront
toujours indiqués, par ce motif, dans le titre
d'emprunt. *Non pas les mêmes billets,* puisqu'il serait
à peu près impossible de les retrouver dans la circulation, *mais de semblables ;* s'ils deviennent rares,
tant mieux pour la confiance qu'inspireront les
billets, ils auront produit pour l'emprunteur à leur

origine les effets de la monnaie métallique; *nul n'aura pu les refuser; toutes clauses d'actes, de conventions ayant directement ou indirectement pour objet d'en éviter la transmission , sera d'avance déclarée illicite.* Mais pour le remboursement toujours accompagné de l'extinction des billets rapportés pour l'opérer, il faudra nécessairement , si l'on n'en a pas en portefeuille , s'en procurer contre argent sonnant , ou autres bonnes valeurs, chez les banquiers, auprès des caisses publiques , auprès de celle du receveur général lui-même ; et ces billets, qui devront être ainsi recherchés tôt ou tard, conserveront toujours dans les relations d'affaires une grande faveur.

Jamais le remboursement d'un emprunt ne pourra être effectué en numéraire métallique , si ce n'est après la démonétisation générale des billets qui seront ultérieurement échangés contre d'autres valeurs appartenant à l'Etat ; car , sans cela , l'hypothèque de garantie devant être anéantie au moment du remboursement, la somme des billets non rapportés resterait dans la circulation sans aucune garantie.

Remarquons bien qu'il est fort inutile de se préoccuper pour le remboursement, autrement dit pour le retrait des billets , des questions de savoir de quel emprunt, de quel lieu et de quelles personnes ces billets proviendront : il y aura en France une masse quelconque de billets circulants dont, avec les précautions indiquées, la valeur devra toujours être exactement balancée avec une masse égale d'hypothèques. Dans cette position, aucune hypo-

thèque, quelque part qu'elle existera, ne pouvant
être anéantie que par le rapport de sa valeur équivalente en billets, peu importera d'où qu'ils vien-
dront ces billets rapportés ; pourvu qu'ils soient
anéantis en même temps qu'une hypothèque équivalente, il existera toujours entre les billets restants
dans la circulation et les hypothèques subsistantes
une balance exacte et facile à vérifier. Cette balance,
en effet, ressortira nettement des comptes annuels
ou semestriels, spéciaux et réunis, des quatre-vingt-
six receveurs généraux, qui seront apurés et pu-
bliés par la Cour des comptes. Jamais, en conséquence, les billets-monnaie-hypothécaire ne pourront perdre dans la circulation ni de leur valeur, ni
de leur crédit.

Quel que soit le mode d'emprunt choisi par l'emprunteur, l'hypothèque de garantie devra toujours
subsister jusqu'au remboursement, c'est-à-dire *jusqu'au rapport* COMPLET *de billets* semblables à ceux
qui auront été remis lors de l'emprunt. Alors et
seulement alors le receveur général sera tenu d'a-
néantir à la fois et les billets rapportés dans les divers à-comptes donnés sur le capital et l'hypothèque
de leur garantie dont le titre quittancé sans frais
sera remis à l'emprunteur. Jusqu'à cette époque,
l'Etat aura le bénéfice de la jouissance des billets
remboursés partiellement.

Ajoutons à l'égard du remboursement des emprunts que ce serait manquer de prévoyance que
de permettre le rapport seulement en billets de valeur quelconque, pourvu que leur valeur totale fût

égale à la valeur prêtée ; car il pourrait arriver que tous les billets d'une certaine série fussent tous par cette cause retirés de la circulation, tandis que, pour la facilité des transactions, il est nécessaire et d'en émettre lors des emprunts et d'en laisser toujours circuler après les remboursements un nombre suffisant de chaque quotité de valeur. Au surplus, il sera peu utile de s'occuper, lors d'un remboursement, des numéros que porteront les billets et qui ne devront point être relatés dans les titres d'emprunt, puisque ces numéros n'ont pour destination que de permettre une vérification lors du renvoi des billets à leur souche.

§ **XII.** *Poursuites en expropriation et cas divers d'annullation des billets.*

Puisque l'époque du remboursement des emprunts pourra être prorogée sinon indéfiniment, du moins jusqu'à la démonétisation des billets-monnaie-hypothécaire, il est probable que jusqu'à cette époque plus ou moins éloignée les expropriations seront rares. Cependant elles devront toujours être rigoureusement provoquées faute de paiement exact à l'échéance, des intérêts échus, ou des fractions convenues du capital emprunté. Après un mois de retard de la part d'un emprunteur, le receveur général lui fera faire sommation par ministère d'huissier d'avoir à opérer son paiement dans les trente jours qui suivront la date de l'exploit pour tout délai, et à lui rembourser les frais de sommation et les intérêts du retard. Ce délai de rigueur écoulé sans exécution de la part du débiteur, l'expropriation sera de droit ; le receveur général fera tout simplement annoncer la vente des immeubles hypothéqués à l'Etat dans les journaux et par affiches en la forme ordinaire ; il fera en même temps sommer le débiteur et tous les créanciers inscrits concurremment avec l'Etat sur les mêmes immeubles à exproprier, d'avoir à venir, s'ils le jugent à propos, prendre communication au greffe du cahier des charges qu'il aura fait dresser pour le public comme pour eux ; puis un mois au moins et quarante jours au plus après la date de la dernière sommation, les biens seront vendus à l'audience du tribunal civil de l'arrondissement de leur situation le jour indiqué et sans remise ; le ministère des avoués pourra être employé par tous intéressés pour assurer à tous l'exécution des lois ; mais les difficultés qui pourraient s'élever seront jugées sommairement et sur simples conclusions écrites, avant l'adjudication à la même audience, sans plaidoiries, et sans qu'en aucun cas les décisions prises et la vente puissent être attaquées par opposition ou appel.

Ces formes expéditives seront acerbes, mais il sera nécessaire qu'il en soit ainsi, d'abord pour assurer à la République la rentrée exacte de ses revenus, ensuite pour ne pas favoriser tellement les emprunts de billets, que même après le rétablissement complet du crédit les capitaux privés soient exposés à rester improductifs entre les mains de leurs possesseurs, quand ils ne coûteraient cependant que les mêmes intérêts exigés par l'Etat pour ses prêts en billets (1).

Il est évident qu'il sera toujours avantageux, pour obtenir le plus haut prix possible des immeubles vendus par expropriation, de laisser à l'acquéreur l'option de se libérer dans le délai qui sera déterminé par le cahier des charges, soit en numéraire métallique, soit en tout ou partie en billets-monnaie-hypothécaire, soit enfin en toutes autres bonnes valeurs qui pourraient être acceptées en paiement par le receveur général; mais comme il sera toujours indispensable au crédit qu'au moment d'une vente qui éteindra une hypothèque de l'Etat il y ait en même temps extinction de billets émis en valeur de cette hypothèque, le receveur général fera dans ce cas ce que dans tous les autres l'emprunteur devra faire lui-même dans ses bureaux : il fera apporter sous les yeux du tribunal le nombre et les espèces de billets dont la valeur était garantie par le titre d'emprunt de l'individu exproprié, et immédiatement après l'adjudication ces billets seront annulés par mention faite sur chacun d'eux

(1) Peut-être néanmoins, devrait-il être permis *une première fois* à l'emprunteur retardataire, et jusqu'au moment de l'adjudication, d'arrêter les poursuites dirigées contre lui en soldant intégralement tout l'arriéré et les frais. Car il pourrait arriver, rarement, mais quelquefois, que le retard ne provînt pas de sa faute; et si la loi doit être sévère, elle ne doit pas être toujours inexorable. Mais dans le cas d'une seconde négligence, relativement au même emprunt, il serait passé outre à l'adjudication, car enfin il faut bien se résoudre à payer ses dettes.

et signée du président et du greffier, puis lacérés en diagonale de manière à les mettre hors de cours; ils seront rendus en cet état au receveur général comme pièce de comptabilité. Quant au titre hypothécaire, il est clair qu'il devra être conservé intact jusqu'à la libération de l'acquéreur, et qu'alors il devra être quittancé et remis à celui-ci.

Dans tous les cas d'adjudication sur expropriation il ne se présentera aucune difficulté pour admettre la surenchère dans les formes usitées; mais l'Etat ne serait jamais admis à devenir acquéreur, même quand il s'agirait d'une propriété qui devrait être un jour expropriée pour cause d'utilité publique. Si cette circonstance se rencontrait, les règles ordinaires seraient suivies, ce qui rendrait toutes autres poursuites inutiles; si elle ne se rencontrait pas, des immeubles sont toujours d'un plus grand rapport entre les mains des particuliers qu'entre celles de l'Etat, et rien ne doit tendre à diminuer la somme générale de la richesse nationale. Ce n'est pas d'ailleurs sans raison que la main-morte a été abolie, et que les immeubles ont été rendus libres dans le commerce des choses, puisque les revenus publics se sont améliorés de tous les droits divers exigés à toutes les mutations de propriété.

Quand il y aurait des créanciers inscrits indépendamment de l'Etat sur les immeubles expropriés, le prix définitif d'adjudication, les intérêts, frais et accessoires seraient versés par l'acquéreur dans la caisse des dépôts et consignations. Sur la représentation de la quittance de ce versement, le titre de garantie hypothécaire quittancé serait remis à cet acquéreur. Un ordre de distribution du prix déposé s'ouvrirait entre les créanciers dans les formes ordinaires, que le législateur pourrait cependant simplifier; et si après il restait quelque chose, ce restant serait rendu à l'emprunteur exproprié.

Lors du dernier paiement relatif à un emprunt contracté sous la clause d'un remboursement par annuités convenues, tous les billets, créés originairement pour effectuer ce prêt, devront alors se trouver tous dans la circulation, sauf les derniers rapportés pour solde ; le receveur général devra, pour les en retirer, s'en procurer de semblables pour qu'ils soient annulés, lacérés, et le titre de leur garantie quittancé et rendu.

. Hors les cas d'expropriation, la mise hors cours et la lacération des billets par suite de remboursement, sera opérée par le concours simultané des notaires, de l'Etat et de l'emprunteur.

. Dans tous les cas, la représentation de la grosse quittancée par le receveur général au conservateur des hypothèques, accompagnée d'une réquisition datée et signée par le receveur général et les deux notaires, pièce nécessaire à la garantie du conservateur, obligera celui-ci à rayer immédiatement l'inscription devenue sans objet.

Si *par impossible* il arrivait une perte causée par la faiblesse du prix de vente par expropriation, d'un immeuble hypothéqué à l'Etat, comparativement au prix d'estimation de cet immeuble, lors du contrat de prêt, la République serait bien obligée de supporter cette perte ; mais les immenses bénéfices que lui procurerait tout le système des emprunts rendraient cet accident sans importance. D'ailleurs elle aurait un recours à exercer sur les autres propriétés de l'emprunteur s'il en existait. Mais nous avons dit *par impossible,* car une perte sur le prix des immeubles expropriés n'arriverait probablement jamais, puisque d'abord l'Etat aurait, pour ne point redouter cette éventualité, la probité et l'expérience des officiers publics qui auraient prêté leur ministère à l'opération de l'emprunt ; qu'il aurait ensuite la responsabilité morale au moins des receveurs généraux ; qu'il aurait de plus les conditions d'un prêt dont l'importance ne s'élèverait jamais qu'aux trois quarts de la valeur libre des immeubles donnés en garantie ; enfin que l'Etat devrait très-certainement compter sur une rapide augmentation de la valeur des propriétés foncières en général, précisément par les préjugés ou les craintes que des billets-monnaie pourraient faire naître dans l'esprit de leurs détenteurs qui se hâteraient alors d'en faire emploi par des acquisitions d'immeubles.

Faisons bien remarquer que si une loi sur les emprunts hypothécaires devrait, avec justice et sans effets rétroactifs, maintenir tous les droits acquis des citoyens, ce n'est jamais un droit acquis pour un créancier d'être remboursé en *telle* espèce de monnaie plutôt qu'en *telle* autre, pourvu qu'il soit certain que ces monnaies ont la même valeur. Actuellement, par exemple, un créancier serait-il admis à refuser un paiement qui lui serait offert en

billets de la banque de France qui ont un cours forcé? Non assurément ; pourquoi donc serait-il admis
à refuser à l'échéance un paiement opéré en billets-
monnaie-hypothécaire, ayant également cours forcé,
et présentant en outre une sûreté plus grande encore ?
On ne pourrait en donner un raisonnable motif.

Il y a mieux à dire toujours sur le même sujet :
pourquoi la création des billets hypothécaires est-
elle si urgente ? C'est pour qu'avec ces billets, véritables métamorphoses de valeurs qu'on ne peut
employer en nature comme monnaie, on puisse
payer ses dettes, c'est évident ; et ces paiements ne
sont-ils pas le moyen efficace de mettre promptement dans la circulation une monnaie qui manque
pour l'échange ou l'acquisition de toutes les denrées,
et de féconder ainsi rapidement tous les éléments de
la richesse publique qui ne demandent que ce secours pour reprendre à l'instant la vie et le mouve-
ment.

§ XIII. *Objections prévues contre le système exposé.*

Il est incontestable qu'un système quelconque
d'émission de billets-monnaie-hypothécaire, aussitôt
qu'il sera adopté, va réagir sur tous les capitalistes (1). L'intérêt de l'argent va nécessairement bais-

(1) Par *capitalistes*, je n'entends pas les *banquiers* dont les
opérations consistent dans l'escompte et le change des valeurs,
dont les prêts accidentels et de courte durée ne sont en réalité
que des crédits ouverts ; et je n'appelle pas *usure* les intérêts,
les commissions qu'ils perçoivent, selon la loi, selon les temps,
à un taux plus ou moins élevé, et qui leur sont indispensables

ser quand on pourra se passer de monnaie métallique et que chacun, pourvu qu'il ait des immeubles libres, pourra troquer sa dette à cinq ou six pour cent d'intérêts, contre une autre dette d'une valeur égale et pour laquelle il ne paiera que trois pour cent.

Mais d'abord croit-on qu'il est bien licite d'accaparer outre mesure le numéraire, véritable sang qui doit circuler dans tout le corps social ? Non certainement, pas plus qu'il ne serait licite de le détruire, car à l'instant toute la nation en souffrirait. Si la loi peut et doit permettre de tirer un certain revenu d'une matière improductive par elle-même et qui a été mise en circulation pour servir à tout le monde, c'est parce que cette matière peut être échangée, à peu près à volonté, contre des choses productives. Le revenu légitime que l'on peut tirer de l'argent doit donc toujours, en bonne économie sociale, être proportionné au revenu réel de ces choses que la valeur de l'argent représente ; autrement il y a *usure*, usure peut-être légale, mais néanmoins d'autant plus dangereuse que d'après nos lois tout paiement peut être exigé en monnaie ayant cours, nous l'avons déjà dit, et qu'alors, si celui qui accapare cette monnaie quelconque, *or* ou *papier*, parce qu'il s'en croit le maître, tandis qu'il n'en a en toute vérité que l'usage illimité, pouvait en retirer un intérêt exorbitant ; qui ne voit que ce par-

pour compenser les chances trop souvent fâcheuses pour eux de leur utile intervention dans les transactions sociales.

ticulier, et par concurrence avec lui tous les usu-
riers du même genre seraient bientôt les maîtres de
toutes les fortunes privées. C'est pour éviter ce résultat funeste, et avec toute autorité et toute raison,
que le législateur a lui-même fixé le taux de l'intérêt de l'argent. Cet intérêt est resté jusqu'à présent
plus élevé, en proportion, que le revenu foncier à
cause de quelques éventualités de pertes ; mais ces
chances de perte n'existent-elles pas aussi nom-
breuses, aussi redoutables pour les propriétaires
fonciers que pour les capitalistes, qui, eux, peuvent
avec certaines précautions assurer solidement leurs
créances? Il ne gèle pas, il ne grêle pas sur une
créance ; elle n'est jamais dévastée par le feu, par
les inondations, par mille autres accidents ; elle
rapporte un revenu qui peut être exigé à échéance
fixe. Voyez donc en ce moment les propriétaires,
d'immeubles ruraux notamment! Quand vendront-
ils ou leurs blés, ou leurs vins, ou leurs bois, ou
toute autre denrée? Quand seront-ils payés du produit de ces ventes? Ils sont la plupart endettés, et
paient, s'ils peuvent, un intérêt qu'on appelle
faible lorsqu'il représente le double au moins de
leur revenu ; ils vendent, s'ils peuvent, à vil prix
pour vivre et pour acquitter des impôts qui tous,
plus ou moins, retombent toujours directement ou
indirectement sur eux, faute de quoi faire ils sont
l'objet de rigoureuses poursuites. Non, les capitalistes ne sont pas autant à plaindre, et le Gouvernement l'a déjà pleinement reconnu, puisqu'il a
voulu les contraindre à supporter leur part des

charges de la République. Ce projet était équitable, mais malheureusement ce n'est jamais le créancier qui est à la merci de son débiteur; c'est, au contraire, le débiteur qui a toujours à subir la loi que lui dicte son créancier. Qu'est-ce qu'un infortuné débiteur aurait à répondre quand son créancier lui aurait dit : *On veut me frapper d'un impôt, moi qui n'en ai jamais payé; tu vas supporter cet impôt pour moi, ou sinon je t'exproprie, et tu perdras dans ce moment de crise cinquante pour cent sur le prix d'un héritage qui ne sera plus arrosé de tes sueurs, au lieu d'un surcroît d'intérêt de un pour cent que je te propose pour te laisser du temps ; choisis!* On poursuivra cet insolent usurier, il sera puni; à merveille! mais celui qui aura osé se plaindre ne trouvera plus après dix centimes à emprunter. Il sera par suite ruiné tout-à-fait : voilà tout ce qu'il obtiendra.

Les billets-monnaie-hypothécaire rétabliraient de suite l'équilibre et la liberté de toutes les positions; le capitaliste, c'est-à-dire celui dont le revenu consiste en tout ou pour partie dans des intérêts de capitaux placés, ne serait toujours pas atteint *directement* par l'impôt ; cela est vrai, mais avec toute certitude, il le serait *indirectement ;* car s'il était contraint par la force des choses d'abandonner deux pour cent de son ancien revenu à ses débiteurs, qui trouveraient à emprunter à trois pour cent partout, ceux-ci n'auraient plus à se plaindre de ce que le capitaliste ne paierait pas d'impôts comme eux, puisqu'il leur resterait dans les mains de quoi payer, pour et à la place du capitaliste leur créancier, la portion pour laquelle celui-ci doit contribuer aux charges publiques, portion que l'on chercherait vainement à obtenir par d'autres moyens. Cela est-il assez clair?

L'état de nos finances publiques demande de grandes ressources : eh bien! les billets hypothécaires procureront la perception d'un revenu égal aux intérêts à trois pour cent de presque tout le capital des dettes privées qui s'élèvent, nous l'avons établi, à environ quatorze milliards; est-ce une petite ressource pour la République que 420 millions de plus à porter au budget des recettes, que la moitié, que le quart, si l'on veut, de cette somme immense? n'est-ce donc rien qu'un pareil résultat obtenu sans efforts et accompagné des bénédictions de tant de citoyens préservés d'une ruine imminente et des horreurs de la misère?

Faudra-t-il encore après enfanter d'autres et plus amples ressources pour finir de combler les vides du trésor? Sera-t-on contraint de recourir à un impôt sur les revenus? Qu'importe? Si cet impôt peut être réparti avec équité, chacun n'en deviendra sensiblement ni plus riche ni plus pauvre, car dans une même nation l'aisance et la gêne ne s'estiment que comparativement à la position respective des individus, et par le nouvel impôt les rapports ne seraient point changés; on doit penser qu'alors la République marchera sans entraves à ses glorieuses destinées. Mais pour cela il faut que son gouvernement ne s'écarte jamais des voies de la justice; et comment ferait-il pour répartir justement des charges nécessaires quand l'importance relative des fortunes est inconnue ? A-t-on sondé toutes les misères des foyers domestiques? Est-on bien sûr que certaines dépenses de luxe, que certaines tenues dans le monde ne sont pas de dures nécessités attachées à des positions sociales? Aussitôt l'émission des billets hypothécaires, toutes les dettes secrètes seraient bientôt éteintes au moyen des emprunts qui rendront l'Etat créancier; presque toutes les dettes qui grèveront encore l'avoir des citoyens deviendront hypothécaires, justifiables, par conséquent ; le Gouvernement acquerra ainsi les principaux éléments d'une répartition équitable, et les citoyens seront mieux à l'abri de fâcheuses erreurs dans l'application qui leur sera faite des mesures qui seront reconnues indispensables, mais qui seront aussi arbitraires par leur nature.

Après tout, non peut-être, il ne serait pas juste de réduire forcément, par l'effet d'un système général, le revenu de tous les capitalistes, surtout ceux des petits rentiers, aux trois cinquièmes seulement de ce qu'il est aujourd'hui; on serait tenté, si cela devait absolument arriver, de reculer devant un projet qui amènerait infailliblement cet inexorable résultat. Mais que l'on se rassure, les capitalistes ont des moyens certains à leur disposition pour se préserver d'aussi pénibles conséquences.

La République n'a pas craint d'encourir des reproches d'injustice en forçant le pauvre qui avait placé ses économies dans les caisses d'épargne à les reporter sur l'Etat, sans perte de revenu assurément puisque ce pauvre touche aujourd'hui environ six pour cent d'intérêt pour un capital qui ne lui rapportait précédemment que ses quatre centièmes. Eh bien ! de même, si par l'effet de la circulation des billets hypothécaires, les capitalistes ne trouvaient plus auprès de leurs résidences à placer leurs fonds à un taux d'intérêt qui leur convienne, ils achèteront des fonds publics, ils porteront leur argent à l'Etat qui le leur demande en ouvrant de larges emprunts ; et non-seulement alors ils ne verront pas diminuer leurs revenus, mais ils l'augmenteront au contraire, en recevant de l'Etat, des intérêts élevés qu'une grande nation seule peut offrir et payer sans ruine.

§ XIV. *Autre objection.*

Serait-il besoin de convaincre les imaginations les plus timides qu'il n'y aurait jamais aucune assimilation à faire entre les *billets-monnaie-hypothécaire* et du papier monnaie pur et simple, *des assignats*, par exemple...

Certainement l'Etat aurait beau faire apposer sur les monnaies de matières quelconques qu'il frapperait, sur les billets dont il ferait directement, ou dont il permettrait seulement l'émission, les emblêmes de sa puissance ; aucune de ces monnaies ne pourrait circuler sans être accompagnée d'une confiance que la force brutale peut commander, mais n'obtient cependant jamais : il faut, pour appeler cette confiance sur les signes monétaires, d'autres garanties que des décrets ou des timbres. Les métaux précieux portent *en eux-mêmes* une garantie suffisante, nous l'avons déjà dit, et pourtant elle est mobilière, et partant elle est périssable. Les billets - monnaie - hypothécaire auraient, au contraire, une garantie *extérieure,* moins dans nos habitudes, mais tout aussi efficace au moins que celle de l'argent, puisque cette garantie serait la valeur équivalente de propriétés immobilières qui, soit par leur nature, soit par les effets de l'assurance contre leur destruction, dans les cas où elle serait possible, sont tout-à-fait immuables; et si l'on objectait que les assignats aussi étaient garantis par une hypothèque, nous répondrions qu'un décret, il est vrai, l'avait promis, mais que les immeubles sur lesquels l'hypothèque devait être assise ont été vendus sans inscrire cette hypothèque, sans même la réserver ; que le Gouvernement d'alors, maître de faire graver du papier tant qu'il le voulait, a émis des assignats pour trente fois la valeur d'un gage qu'il rendait en même temps illusoire, et qu'il ne faut pas dès-lors comparer des mesures qui seraient prises avec sagesse et prudence à des actes de folie.

§ **XV.** *Conclusion.*

C'est donc avec la conviction profonde que mes méditations solitaires pourraient rendre à ma patrie bien-aimée, à notre jeune République, à tous mes chers concitoyens, les services les plus importants, que je me suis déterminé à faire connaître à des compatriotes qui partagent tous mes sentiments, sinon toutes mes idées, un système de crédit qui, sans blesser, je le pense du moins, les justes droits de personne, répondrait seul, s'il était bien compris, s'il était adopté par l'Assemblée nationale, à toutes les nécessités financières de l'époque, consoliderait promptement la concorde et la paix intérieure, et serait enfin pour notre belle France une source abondante de richesse et de splendeur.

6 août 1848.

DIJON, IMPR. DE FRANTIN.